Na Onda

do Português 2

Caderno de Exercícios

Ana Maria Bayan Ferreira • Helena José Bayan

Coordenação Científica

INSTITUTO **CAMÕES** PORTUGAL
MINISTÉRIO DOS NEGÓCIOS ESTRANGEIROS

Ilustrações:
Liliana Lourenço

Lidel – edições técnicas, lda
LISBOA • PORTO
e-mail: lidel@lidel.pt
http://www.lidel.pt (Lidel On-line)
(site seguro certificado pela Thawte)

EDIÇÃO E DISTRIBUIÇÃO

Lidel – edições técnicas, lda

ESCRITÓRIO: Rua D. Estefânia, 183, r/c Dto. - 1049-057 Lisboa
Internet: 21 354 14 18 - livrarialx@lidel.pt
Revenda: 21 351 14 43 - revenda@lidel.pt
Formação/Marketing: 21 351 14 48 - formacao@lidel.pt/marketing@lidel.pt
Ens. Línguas/Exportação: 21 351 14 42 - depinternacional@lidel.pt
Linha de Autores: 21 351 14 49 - edicoesple@lidel.pt
Fax: 21 357 78 27 - 21 352 26 84

LIVRARIAS
LISBOA: Av. Praia da Vitória, 14 - 1000-247 Lisboa
Telef.: 21 354 14 18 - Fax: 21 357 78 27 - livrarialx@lidel.pt

PORTO: Rua Damião de Góis, 452 - 4050-224 Porto
Telef.: 22 557 35 10 - Fax: 22 550 11 19 - delporto@lidel.pt

Copyright © agosto 2011 (2ª edição)
              outubro 2010 (1ª edição)
Lidel - Edições Técnicas, Lda.
ISBN: 978-972-757-827-6

Reimpressão de julho de 2012
Impressão e acabamento: Printer Portuguesa Indústria Gráfica Lda.
Depósito Legal: 346915/12

Capa, conceção de *layout* e paginação: Rute Pires
Ilustrações: Liliana Lourenço
Fotografias: Fotolia.com - © Steven Gibson; © Laurent Renault; © Elzbieta Sekowska; © Eric Boegel;
© Ignatius Wooster; © hannahfelicity; © Mauro Rodrigues; © Ilja Mašík; © Lorraine Swanson; © Ivar
Bliznetsov; © Alysta; © Barbara Helgason; © Andres Rodriguez

ÍNDICE

Quais são as tuas férias ideais?

A. Descobre como os nossos amigos passaram as férias. Coloca o número da imagem no quadrado correspondente.

1. O João levou uma tenda e um saco-cama.

2. A Ana visitou vários museus e passeou pelos bairros mais famosos.

3. O Pepe fez escalada e subiu uma montanha.

4. O Pepe inscreveu-se num curso de português.

5. O Pedro participou num campeonato de *surf* em Sagres.

6. Em setembro, o João e os seus amigos passaram uns dias no campo, na quinta dos avós do João.

B. Lê os seguintes quadros e elimina as palavras que não estão relacionadas com o tipo de férias.

1

laboratório
botas
barbatanas
estudar
desportos
grupo
atividades
monitor

chapéu de sol
cachecol
fato de banho
protetor solar
esquiar
óculos
toalha

2

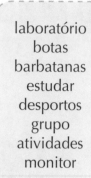

montanha
bastões
areia
esqui
neve
gelo
nadar

3

tenda
mochila
saco-cama
enciclopédia
pasta de dentes
Mp3
patinar

4

Cursos de verão

Queres aprender português?

livros
escalar
computador
visitas de estudo
aprender
sala de aula
conduzir

5

Normalmente, os jovens gostam de viajar, mas nem sempre têm muito dinheiro. Ficar numa pousada de juventude é uma boa opção de alojamento. As pousadas de juventude são sítios agradáveis e não são caras.

Lê a informação e completa com as perguntas do quadro.

a. Onde é que o posso adquirir?
b. Posso emprestar o meu cartão?
c. Onde é que o posso utilizar?
d. Que tipos de cartões existem?
e. Com que idade é que o posso tirar?
f. Que documentos são precisos para tirar o cartão de alberguista?
g. Para que serve?
h. Qual é a validade do cartão?
i. Onde o posso renovar?
j. Qual o preço do cartão de alberguista?
l. Se ficar num quarto duplo, preciso de ter cartão de alberguista ou basta um por quarto?

1. _____ ?
O cartão de alberguista dá-te acesso a todas as pousadas de juventude da Rede Nacional de Turismo Juvenil em Portugal e no Mundo. A sua apresentação é obrigatória.

2. _____ ?
Podes tirar o teu cartão de alberguista a partir dos 12 anos. Não há limite de idade.

3. _____ ?
O cartão é válido por um ano, após a data da sua emissão.

4. _____ ?
Podes utilizar o teu cartão nas pousadas de juventude nacionais e internacionais.

5. _____ ?
Precisas apenas do bilhete de identidade.

6. _____ ?
O cartão de alberguista é pessoal e intransmissível. Não pode ser utilizado por outras pessoas.

7. _____ ?
Cada pessoa tem de ter o seu próprio cartão, mesmo que partilhe o quarto.

8. _____ ?
O cartão de alberguista tem as seguintes modalidades:
• Individual
• Grupo

9. _____ ?
• Individual: 6,00€
• Grupo Escolas: 26,25€

10. _____ ?
• Pousadas de juventude
• Delegações regionais do Instituto Português da Juventude
• Loja Ponto Já (Av. da Liberdade, em Lisboa; Horário - dias úteis: das 09h00 às 20h00, não encerra para almoço; fins de semana e feriados está encerrada)
• O cartão de alberguista Individual pode ainda ser adquirido *on-line*

11. _____ ?

O cartão de alberguista não se renova. Quando terminar a validade do teu cartão podes pedir ur novo nos locais acima referidos.

http://microsites.juventude.gov.pt/Portal/

D. Completa as frases seguintes com os verbos no Pretérito Perfeito ou no Pretérito Imperfeito c Indicativo.

1. No ano passado, as minhas férias de verão _____ *(ser)* em casa dos meus avós, que têm um quinta no Douro.

2. Quando eu _____ *(ter)* cinco anos, _____ *(costumar)* ir à praia da Figueira da Foz.

3. Eu e os meus colegas _____ *(trazer)* fotografias das nossas últimas férias para a aula d Português.

4. Ontem, _____ *(ter)* uma aula muito interessante porque todos _____ *(falar)* um pouc sobre as nossas férias e ainda nos _____ *(rir)* com as peripécias de alguns.

5. No verão passado, eu _____ *(ir)* de bicicleta para a praia e _____ *(correr)* logo para mar, porque o tempo _____ *(estar)* muito quente.

6. O João _____ *(ir)* acampar com uns amigos. Durante esses dias, ele não _____ *(dormi* muito bem e, por isso, de manhã _____ *(acordar)* sempre muito rabugento.

7. O Pedro _____ *(escolher)* a pousada de juventude de Lagos para passar uns dias no Algarve

E. O Pedro foi ao Posto de Turismo e trouxe este folheto sobre a cidade de Lagos. Lê atentamente o cinco parágrafos. Tem em conta que o 1 é o 1º parágrafo. Ordena os restantes de modo a construi um texto coerente.

1. Lagos foi a capital do Algarve de 1576 a 1756. Desta cidade partiram muitas caravelas para a expedições africanas.

2. Francis Drake, um dos mais célebres corsários ingleses, atacou Lagos quando Portugal estava sob c domínio da dinastia Filipina, de Espanha.

3. Nuno Tristão, em 1441, chegou a Lagos com escravos do Saara. Nesta povoação, realizou-se c primeiro mercado de escravos da Europa, na casa das arcadas (Praça Infante D. Henrique).

4. D. Sebastião partiu de Lagos para a batalha de Alcácer-Quibir e nunca mais regressou. Devido a ausência do rei, passados dois anos, em 1580, Portugal perdeu a independência para Espanha.

5. Gil Eanes (um lacobrigense – assim se chamam os naturais de Lagos, porque para os romanos a povoação chamava-se *Locobriga*, isto é "altura fortificada") deixou Lagos para dobrar o Cabo Bojador, em 1434, quando todos pensavam que nesse cabo acabava o mundo.

1º parágrafo	*1*
2º parágrafo	
3º parágrafo	
4º parágrafo	
5º parágrafo	

Sublinha os verbos que estão no Pretérito Perfeito e os que estão no Pretérito Imperfeito do Indicativo. Em seguida, completa o quadro. Segue o exemplo.

Pretérito Perfeito	Pretérito Imperfeito	Infinitivo
foi	era	ser

9. Lê esta notícia publicada na revista *National Geographic*. Completa com os verbos do quadro abaixo. Atenção! Tens de usar o tempo verbal correto (Pretérito Perfeito ou Pretérito Imperfeito do Indicativo).

a. ser • **b.** levar • **c.** ter • **d.** incluir • **e.** avistar • **f.** ter **g.** enjoar
h. conseguir • **i.** parecer • **j.** contar

TODOS A BORDO

Poucas baleias, enjoos e algumas histórias para contar...
Um sucesso! _____ assim a primeira expedição da *National Geographic Portugal* que _____ 76 passageiros aos Açores, a bordo do navio Creoula, para observarem as baleias. Passageiros? É melhor chamar-lhes tripulantes, já que _____ de realizar algumas tarefas a bordo e assim aprender como se coloca em movimento um navio de 67 metros.
O programa _____ também conversas sobre biologia marinha, educação física, interpretação de cartas e meteorologia. De vez em quando, _____ algumas baleias e golfinhos.
Os passageiros _____ de se habituar ao balanço do barco e aos enjoos. " _____ quase todos os dias, não me _____ habituar à ondulação constante do mar que _____ um baloiço."
_____ Rita Reis Andrade, estudante de 18 anos que foi a segunda participante mais nova desta expedição"

In National Geographic, vol.3, nº 30, setembro de 2003 (texto adaptado)

H. Agora é a tua vez. Leva para a turma fotografias de locais que visitaste durante as férias ou duran um fim de semana. A turma observa as fotografias e faz perguntas. Tentem utilizar o Pretéri Perfeito Simples e o Pretérito Imperfeito do Indicativo.
Segue o exemplo.

> **1.** Quando é que lá estiveste?
> – Estive no verão, em julho.
> **2.** O que é que fazias de manhã?
> – Acordava tarde e a seguir tomava o pequeno-almoço no restaurante do hotel.

I. O Pedro chegou ontem da praia. O seu amigo Pepe telefonou-lhe para saber como foram as férias Completa, corretamente, os espaços em branco com uma das três opções apresentadas entre parên teses.

Pedro: Estou? Quem fala?

Pepe: É o Pepe! Olá! Como _____ (estás / estavas / estou)?

Pedro: Ótimo! E tu?

Pepe: Bem. Estou a telefonar porque _____ (queriam / queria / querias) saber novidades das tuas férias. Gostaste da praia de Sagres?

Pedro: Havia muito vento e algum frio, mas _____ (adoraria / adoraste / adorei) as ondas. São ótimas para o *surf*.

Pepe: E amigos? Podias _____ (contas / contaste / contar-me) se fizeste amigos novos! Sei que Sagres é um ponto de encontro de surfistas.

Pedro: Bem, _____ (tem / tenha / tenho) muito para te contar, mas tem de ficar para outro dia. Queres vir cá a casa jantar?

Pepe: Claro! Obrigado!

Pedro: Então, podes _____ (vir / venhas / venho) cá amanhã!

J. Todos nós temos desejos. Umas vezes concretizam-se, outras vezes não. A Ana está a imaginar o seu próximo fim de semana. Segue o exemplo.

> Ficávamos em casa da minha prima Luísa.

Era tão bom passar o fim de semana na zona de Óbidos com os meus amigos porque...

- *Ficar* em casa da minha prima Luísa.
- Ir à Lagoa de Óbidos.
- Poder ter a sorte de ver garças, patos e até flamingos.
- Observar a beleza da natureza.
- Ver os pescadores a apanharem berbigão e amêijoa.
- Andar de *kayak* ou fazer *windsurf*.
- Passar um dia na praia da Foz do Arelho.
- Visitar a histórica vila de Óbidos, conquistada aos celtas pelo imperador Júlio César.

Gostavas de participar na expedição do Creoula? Imagina o que podias fazer, ver, sentir... Escreve uma carta a um amigo ou amiga e conta-lhe o que podias fazer durante esta expedição. O teu texto deve apresentar as características próprias de uma carta. Se tens dúvidas, consulta a unidade 1 do teu manual.

Olá!

Como estás? As tuas férias foram boas? Acabei de ler um artigo sobre a primeira expedição da *National Geographic Portugal* aos Açores. Adorava participar porque

UNIDADE 2

Festivais de verão

A. Estabelece a correspondência entre A e B.

A	B
1. Géneros musicais	**a)** flauta
2. Suportes auditivos	**b)** baterista
3. Profissões	**c)** fado
4. Instrumentos	**d)** tambor
	e) sintonizador
	f) maestro
	g) batuta
	h) *rock*
	i) compositor
	j) guitarra
	l) microfone

B. Completa de forma adequada cada um dos seguintes diálogos com uma palavra ou expressão do quadro.

> **a.** fadista • **b.** alternativa • **c.** tradicional • **d.** género • **e.** atuam
> **f.** realiza-se • **g.** assistir • **h.** vou • **i.** evento • **j.** também

1. Ana: Pepe, tu adoras ir a festivais de música, não é?
Pepe: Sim, é verdade. Amanhã, _____ ao *Rock in Rio*.

2. Ana: De que _____ de música gostas mais?
Pepe: Eu prefiro música *rock,* mas também gosto muito de *hip-hop*. E tu?

3. Pedro: Foste à aula de Educação Física?
João: Claro que sim! A professora pediu para levarmos discos de música _____ portuguesa. Tens algum?

4. Ília: Adorava ir ver o Prince e a _____ Ana Moura ao festival *Super Bock Super Rock* no Meco.
Ana: Eu também.

5. Ana: Sabes que o festival do *Sudoeste* _____ sempre na primeira semana de agosto?
Yuan: Sim, sei. Nesse festival _____ nomes muito famosos da música.

João: Este ano vamos poder _____ a fabulosos concertos no festival de Paredes de Coura.

Pedro: Como sempre! O festival de Paredes de Coura é um dos maiores festivais de verão de música _____ nacional e internacional.

João: O *Optimus Alive* é o _____ que abre oficialmente a época de festivais de verão.

Pedro: Sim, sim. São três intensos dias de música dividida por três palcos.

Completa o quadro com os verbos no Pretérito Perfeito Composto do Indicativo.

Infinitivo	Pretérito Perfeito Composto do Indicativo
estar	eu
ter	tu
andar	ele
beber	ela
dormir	você
fazer	nós
correr	vocês
ver	eles
ouvir	elas

. Lê as seguintes frases e reescreve-as na forma negativa.

. Ultimamente, tenho-me levantado muito cedo.

_____

. Nos últimos dias, a minha mãe tem-se deitado tarde.

_____

. Desde que começou o festival, o João e o Pedro têm-se divertido imenso.

_____

. Até agora, temo-nos sentido muito bem.

_____

. Nas últimas semanas, vocês têm-se esforçado para ganhar o concurso.

_____

E. Observa as imagens e constrói frases. Utiliza: *nos últimos dias, na última semana, ultimamen* *esta semana, estes mês.* **Segue o exemplo:**

1 (ouvir / música)

Esta semana, tenho ouvido muita música portuguesa.

2 (Eles / tentar) arranjar bilhetes para o festival *Rock in Rio*

3 (nós / dançar) salsa

4 (A Ana Moura / ensaiar) muito

(O Pedro Abrunhosa / dar) algumas entrevistas

5

(Os Deolinda / atuar) por todo o país.

7 (Os jovens / ir) a muitos festivais de música.

Completa as frases com os verbos entre parênteses no Pretérito Perfeito Simples ou Pretérito Perfeito Composto do Indicativo.

. Desde que eles _____ *(anunciar)* o festival, já muita gente _____ *(comprar)* bilhetes.
. O João e o Pedro _____ *(ir)* a muitos festivais nestes últimos meses.
. Ultimamente, bandas famosas nacionais e internacionais _____ *(atuar)* no nosso país.
. No fim de semana passado, eles _____ *(ficar)* numa pousada de juventude.
. Desde o ano passado, o Pedro _____ *(participar)* em competições de *surf* e na última prova _____ *(ganhar)* uma medalha.
. Nesta última semana, ele e alguns amigos _____ *(estar)* no Algarve e _____ *(fazer)* *surf* em Sagres.
. Desde que eu _____ *(comprar)* o último CD dos Deolinda, _____ *(ouvir)* muitas vezes as músicas deles.

. Completa o texto com os verbos no Pretérito Perfeito Simples, Pretérito Perfeito Composto do Indicativo ou no Pretérito Imperfeito.

Nunca _____ *(assistir)* a um concerto de Mafalda Veiga. Já _____ *(comprar)* alguns dos seus discos. Não pertenço à lista imensa de fãs que a seguem há muito tempo. Mas _____ *(ser)* bonito ver milhares de pessoas que _____ *(esgotar)* o Coliseu do Porto. Como os parques da Baixa _____ *(ficar)* lotados, _____ *(haver)* muitos carros estacionados nas ruas.

Festivais de verão

(quinze) 15

Mais tarde, _____ (saber) que _____ (assistir) ao concerto pessoas de todo o lado, através do *site* da cantora, criado pelo clube de fãs. _____ (ser) isso que mais me _____ (impressionar) neste concerto. A identificação e o entendimento entre a Mafalda e o público. E a Mafalda sabe disso. Sabe que os fãs estão ali por causa dela. A cantora _____ (pensar) neles na ordem de apresentação das canções no concerto que _____ (encerrar) a digressão do seu último álbum. Como de costume, o público _____ (acompanhar) sempre com entusiasmo as canções mais marcantes.

Um concerto inesquecível!

In Visão, 22 de janeiro de 2009 (texto adaptado)

H. Há festivais de música que são importantes porque são momentos de grande divertimento, m: também lutam por boas causas. O *Rock in Rio* é um deles. Sabes porquê?
Lê atentamente os cinco parágrafos. Tem em conta que o *1* é o 1º parágrafo e ordena os restant: de modo a construir um texto coerente.
O projeto social do *Rock in Rio - Lisboa* vai contribuir para melhorar as condições de vida c centenas de crianças.

1. A organização do *Rock in Rio* decidiu que um festival de música com tanto sucesso como o *Rock I Rio* não podia ser apenas mais um festival de música, mas devia ser também uma forma de ajudɑ o mundo e as crianças.

2. O tema deste *Rock in Rio - Lisboa* vai ser: "Por um Mundo Melhor", cujo objetivo é chamar atenção das pessoas, principalmente dos jovens, para a importância de proteger as crianças e nosso planeta.

3. Assim, desde a edição de 2001, que o *Rock in Rio* tem como objetivo ajudar as organizações qu apoiam as crianças com dificuldades económicas e promover a proteção do meio-ambiente.

4. Em resumo, quando vais ao festival do *Rock in Rio,* ouves boa música, divertes-te com os teu amigos e contribuis para a construção de um *Mundo Melhor.*
Queres mais?

5. Em 2001, o *Rock in Rio* contribuiu com mais de 2 milhões de dólares para a Fundação Viva Rio para a UNESCO. Com esta contribuição foram construídas 70 salas de aulas e 35 salas de informátic. e mais de 3 mil jovens puderam completar a sua educação básica. Foram plantadas milhares d: árvores no recinto onde o festival se realizou.

www.rock-in-rio-lisboa.pt (texto adaptado

1º parágrafo	*1*
2º parágrafo	
3º parágrafo	
4º parágrafo	
5º parágrafo	

A música é importante na vida de muitas pessoas. Concordas com esta afirmação? Apresenta cinco argumentos que justifiquem a tua opinião.

Conta um episódio, relacionado com uma música que tenha sido importante para ti. Refere:
- o que aconteceu
- onde te encontravas nesse momento
- o que sentiste quando ouviste essa música especial

UNIDADE 3
Televisão: prós e contras

A. Esta é a programação de um canal da televisão português para um dia da semana. Como vês, h diferentes tipos de programas. Identifica os que vão ser transmitidos de acordo com o quadr abaixo indicado.

Informação	Desportivos	Culturais
•	•	•
•	•	•
•	•	•

Séries	Entretenimento	Infantis
•	•	•
•	•	•
•	•	•

06:04 - Nós

06:30 - Bom Dia Portugal
Magazine informativo diário com Carlos Albuquerque e João Tomé de Carvalho

10:00 - Verão Total
Direto da Praia da Rocha

13:00 - Jornal da Tarde
Apresentação de João Fernando Ramos, Hélder Silva e Carlos Daniel (inclui O Tempo)

14:15 - Cartaz Cultural

15:05 - Nodi
Programa infantil

15:55 - Verão Total
Direto da Praia da Rocha

18:00 - Benfica - Real Madrid
Transmissão em direto

19:10 - O Preço Certo
Concurso com Fernando Mendes

20:00 - Telejornal
Apresentação de José Rodrigues dos Santos, José Alberto Carvalho e Judite de Sousa (inclui O Tempo)

21:00 - Quem Quer Ser Milionário - Alta Pressão
Apresentação de José Carlos Malato

21:54 - Pai à Força (2 episódios)
Série nacional em reposição

23:50 - Alerta Cobra (2 episódios)
Série em reposição

01:40 - Urgências Miami (Último)
Num dos mais avançados centros de emergência, um grupo de cirurgiões especialistas tenta salvar pessoas em risco de vida

02:21 - Berlengas - Um Paraíso Natural
Documentário

Que programas escolhias? Por que razão?

Numa estação de televisão:
Antes de chegarem ao televisor lá de casa, as imagens e os sons de um programa ao vivo passam sempre pela *régie*, para serem escolhidos e organizados. É aqui que se decide o que o telespectador vai ver. Estes são alguns dos instrumentos que são indispensáveis numa *régie*. Faz a correspondência entre A e B.

A	B
1. Videogravador	a) Permite ao realizador ver o que cada uma das câmaras está a filmar.
2. Comando remoto	b) Permite que as imagens selecionadas vão para o ar.
3. Mesa de mistura áudio	c) Permite ao realizador e aos técnicos comunicarem uns com os outros e com quem está no estúdio.
4. Microfone	d) Permite ver e atualizar as imagens a transmitir, mesmo as notícias de última hora.
5. Computador	e) Permite misturar diferentes sons.
6. Monitor	f) Permite emitir as imagens gravadas em cassetes.
7. Mesa de mistura de vídeo	g) Permite comandar o videogravador.

2. Lê atentamente este texto publicado na revista *Visão*.

> **Vasco Lucas Nunes**
> **Diretor de fotografia, produtor e realizador**
> **34 anos**
> **Com vista para Portugal**
>
> Tinha 18 anos quando entrou, pela primeira vez, nos bastidores de uma estação de televisão. A SIC estava a dar os primeiros passos e ele não resistiu ao apelo da nova aventura. Nos dois primeiros anos da estação, tratou da iluminação para "todos os programas". Quando lhe propuseram um contrato efetivo, decidiu "sair e estudar". Antes de chegar a Los Angeles, há nove anos, fez escala em duas metrópoles europeias (Madrid e Munique) e uma americana, Atlanta. Filmou nos cinco continentes. "Sou um cidadão do planeta", assume. Na capital do Estado da Geórgia, trabalhou para Ted Turner, partilhou o elevador da CNN com Jane Fonda e agarrou a oportunidade de realizar uma longa metragem documental, na Amazónia. Depois de uma curta passagem pela Alemanha, rumou à Califórnia para estudar cinematografia graças a uma bolsa da Gulbenkian.
> Vasco coproduziu e assinou a direção de fotografia de *Dig!* e *We Live in Public,* vencedores do Prémio do Júri para melhor Documentário. O primeiro conferiu-lhe, ainda, a "enorme honra" de figurar na coleção permanente do Museu de Arte Contemporânea (MoMA) de Nova Iorque.

Por agora, divide a atividade como diretor de fotografia, produtor e realizador, sobretudo em longas-metragens documentais, mas também em filmes, séries e vídeos musicais. No futuro, gostava de regressar à casa de partida e "concretizar alguns projetos em Portugal". E tem um outro objetivo muito claro: "Gostaria de fazer filmes até ser muito velho."

In Visão, 12 de fevereiro de 2009 (texto adaptado)

E. Responde às questões, de forma completa.

1. Vasco Lucas Nunes já tinha entrado nos bastidores de uma estação televisiva antes dos 18 anos?

_____

2. Já tinha estado alguma vez em Los Angeles?

_____

3. Antes da visita à Amazónia, já tinha realizado alguma longa metragem?

_____

4. Já alguma vez tinha recebido um prémio num festival pelos seus trabalhos?

_____

5. Antes do prémio que obteve, já tinha exposto algum trabalho no Museu de Arte Contemporânea d Nova Iorque?

_____

F. Completa o quadro.

Substantivo	Verbo
	entrar
passo	
	resistir
apelo	
	aventurar
iluminação	
	propor
partilha	
realização	
	documentar
investimento	
	compensar
	assinar
direção	
coleção	
	produzir

Completa os diálogos. Segue o exemplo.

> **A:** Leste o texto que a professora mandou para trabalho de casa?
> **B:** Já o tinha lido. Li-o na semana passada.

A: Combinaram a reunião para o trabalho de grupo?
B: _____

A: Viram o documentário que passou na televisão sobre o Museu dos Coches?
B: _____

A: Já ouviste estes CDs?
B: _____

A: Já fizeste as compras para a festa do Pedro?
B: _____

Constrói frases e junta-as com: _quando, já_ e _ainda não_. Segue o exemplo.

> (A mãe da Ana) fazer o jantar. (Ana) chegar a casa.
> A mãe da Ana já tinha feito o jantar, quando a Ana chegou a casa.

. (Os pais do Franz) beber esse café. (Eles) estar no Brasil.
_____

. (Eu) ouvir o David Fonseca. (Eu) estar de férias em Portugal.
_____

. (Nós) ir às Berlengas há dois anos. (Nós) visitar Peniche neste verão.
_____

. (O meu pai) aprender português. (Ele) ir trabalhar para Angola.
_____

. (Eu) ter aulas de _surf_ com este treinador. (Eu) participar no campeonato.
_____

. (Vocês) entregar os trabalhos.(O professor) ir-se embora.
_____

Completa com o particípio adequado do verbo indicado entre parênteses:

1. As cozinheiras tinham _____ _(acender)_ o lume.
2. Os alunos tinham _____ _(dizer)_ a verdade.
3. O diretor da escola foi _____ _(eleger)_ por maioria.
4. Os bombeiros têm _____ _(extinguir)_ muitos incêndios.
5. A lareira estava _____ _(apagar)_ quando chegámos a casa.
6. A encomenda foi _____ _(entregar)_ em nossa casa.
7. Os alunos têm _____ _(fazer)_ todos os trabalhos de casa.

 **UNIDADE 3**

J. Escolhe os tempos adequados para os verbos entre parênteses.

Ontem nós *(ir)* _____ passear ao campo. Há muito tempo que os meus pais *(pensa* _____ fazer um piquenique, mas ainda não *(ter)* _____ tempo para iss Anteontem a minha tia Rita *(vir)* _____ a minha casa e *(dizer)* _____ -me qu *(querer)* _____ passar o dia no campo connosco. Os meus pais *(decidir)* _____ sair no dia seguinte. E assim *(ser)* _____ ! *(Dizer)* _____ aos meus primos e *(i* _____ comprar as comidas e bebidas para levar.
(Sair) _____ às 8:00 da manhã. O tempo *(estar)* _____ ótimo. Os pássaro *(cantar)* _____ . No ar *(haver)* _____ um cheiro a flores e os cães *(corre.* _____ ao nosso lado.
(Demorar) _____ cerca de duas horas e meia para chegar a um lugar muito bonito qu *(ficar)* _____ junto de um lago. A água *(ser)* _____ transparente. Como _____ *(estar)* _____ calor, nós *(deixar)* _____ os cestos com a comida debaixo d uma árvore, à sombra, e *(ir)* _____ tomar banho no lago.
Ninguém *(ver)* _____ as formigas que *(subir)* _____ e *(descer)* pelos ramos da árvores e quando nós *(voltar)* _____ , *(reparar)* _____ que as formigas *(chega.* _____ "ao almoço" em primeiro lugar.

L. Completa as frases com os articuladores de discurso que se encontram na página 59 do manual.

1. Todos se levantaram _____ o professor entrou na sala.
2. Concordo contigo, _____ deves aceitar outra opiniões.
3. _____ não aceitas esta proposta, deves apresentar outra.
4. _____ , este documento prova que o pintor recebeu a quantia de mil euros pelos trabalho efectuados.
5. Hoje, um negócio que é muito importante para o nosso país é o turismo, _____ necessário preservar o património e o meio-ambiente. _____ , têm-se cometido muito atentados contra a natureza, como, por exemplo, o derrame de petróleo no mar.

M. Como sabes, a televisão é, nos nossos dias, um poderoso meio de comunicação, e o carácter positivo ou negativo, da sua influência é muitas vezes um assunto controverso.
Escreve um pequeno artigo para o jornal da tua escola, apresentando a tua opinião sobre o pape que a televisão tem na nossa sociedade.
Antes de escreveres o texto, consulta a atividade 4 do teu manual.

Atenção! Ação!

Identifica os géneros de filmes, colocando as letras pela ordem correta.

rorret _____

çaão _____

aidécom _____

mluacsi _____

amard _____

aoãçamni _____

Faz a correspondência entre os filmes e o género a que correspondem.

A	B
1. Titanic	**a)** Animação
2. O Caminho das Estrelas	**b)** Comédia
3. Drácula	**c)** Ficção Científica
4. A Marcha dos Pinguins	**d)** Drama
5. Shrek	**e)** Terror
6. Mr. Bean	**f)** Musical
7. High School Musical	**g)** Aventura
8. Indiana Jones	**h)** Documentário

C. Completa com nomes referentes ao espetáculo.

. Conjunto de espectadores: _____

2. Parte do palco, por detrás da cena: _____

3. Gabinete onde os atores se vestem e caracterizam: _____

4. Parte do teatro destinado a atores: _____

5. Decoração teatral: _____

6. Aquele que representa uma peça de teatro: _____

D. Estas frases exprimem diferentes opiniões. Assinala aquelas que exprimem uma opinião positiva.

1. Um filme imperdível.

2. O filme de Cameron é um marco na história do cinema.

3. A pior atriz, na minha opinião. Detestei todos os filmes que ela fez.

4. Não achei nada de especial! O filme é muito parado.

5. Palavras para quê? Verdadeiramente espetacular!

6. A Marcha dos Pinguins, do francês Luc Jacquet, é um dos campeões de bilheteira.

7. O realizador usa demasiados efeitos especiais, o que torna o filme muito cansativo.

8. Penso que os jovens atores tiveram um desempenho bastante bom neste filme.

E. Lê o texto publicado na revista *Notícias Magazine* e escolhe a opção correta.

Rui Vilhena
49 anos

Quero ser produtor de cinema

Desde pequeno que **(quis / quero)** fazer cinema. Não sabe porquê. Da extensa família que **(vivia / viviam)** no Brasil, pais, tios, primos, não havia ninguém no universo artístico. Mas a verdade é que aos 4 anos a professora da escola **(tinha feito / fez)** a pergunta típica: "O que **(queres / querias)** ser quando fores grande?" Rui Vilhena não hesitou: " Quero ser produtor de cinema." A professora estranhou. Afinal, aquele menino não **(quis / queria)** ser bombeiro, polícia, nem jogador de futebol. "Porquê?", perguntou a professora com curiosidade. Rui **(encolher/ encolheu)** os ombros: "Não sei".

Sorri ao recordar esta história: "Eu nem **(sabia / soube)** o que era um produtor de cinema. Mas tinha a certeza daquilo."

Antes de escrever argumentos, **(viu / vejo)** muitas telenovelas, muitas séries, muitos filmes. Marcaram-no várias telenovelas: "Era uma linguagem nova, pelo ritmo, pelos cortes, pelos diálogos, pelo formato. Não **(parecia / pareciam)** uma novela. Era muito real. Eu devia ter uns 15 anos e **(senti / sinto)** que era aquilo que eu **(gostava / gostei)** de fazer."

"Eu quero contar uma história assim. Eu quero fazer isto". Tudo me fascinou. A história, as intrigas, tudo. Tudo isto, despertou-me para a possibilidade de a escrita poder contribuir para a sociedade, para construir um mundo melhor. Porque **(teve / tinha)** assuntos que faziam as pessoas refletir. E isso fascinou-me. Pensei: "É isto mesmo. Eu quero escrever argumentos que façam as pessoas pensar. "Se tenho acesso a milhões de pessoas, tenho de as fazer refletir."

Revista Notícias Magazine, 2010 (texto adaptado)

F. Faz a correspondência entre a coluna A e B. Em seguida escreve uma frase.

A	B
1. escrever	**a.** em lista de espera
2. ter	**b.** os ombros
3. encolher	**c.** cinema
4. fazer	**d.** a certeza
5. ficar	**e.** uma história
6. contar	**f.** uma identificação com esse tipo de filmes
7. haver	**g.** argumentos

. Junta as frases usando o pronome relativo mais adequado.

Aquele é o teu professor. Ele esteve a dirigir a reunião de ontem.

_____

. Conheço uma nova livraria. Lá podes encontrar todo o tipo de livros.

_____

. Tenho uma amiga. O pai dela pode resolver o teu problema.

_____

. A cantora de ópera Elizabete Matos é reconhecida a nível internacional. A voz dela é muito bonita.

_____

. Lê estes textos onde três jovens nos contam a história dos livros de que mais gostaram de ler. Completa com o pronome relativo adequado.

"O rapaz que ouvia as estrelas" de Tim Bowler

"Gostei tanto deste livro _____ li! É uma história muito bonita. É sobre um rapaz _____ tem o dom de ouvir a música do Universo: ouve coisas _____ mais ninguém ouve. Ele mete-se numa grande aventura _____ final é absolutamente surpreendente. uma história fantástica. Não se consegue parar de ler".

Ana Teresa - 13 anos
Gondomar

" Volta ao mundo em 80 dias" de Júlio Verne

Os meus avós ofereceram-me este livro quando eu tinha 7 anos. Já o li cinco ou seis vezes. E cada vez gosto mais. Fala sobre um homem, _____ nome é bastante esquisito e difícil de pronunciar. Ele chama-se Phileas Fogg, um inglês _____ ouviu falar da possibilidade de dar a volta ao mundo em 80 dias. Decidiu confirmar se era possível. Os locais _____ se passa a ação são muito interessantes. Tudo _____ aprendi neste livro foi útil para a escola. Aprendi as diferenças de fuso horário, os transportes usados no século XIX, _____ são bastante diferentes dos transportes atuais.

Daniel 12 anos
Porto

"Poemas da Mentira e da Verdade" de Luísa Ducla Soares

"Comecei a ler este livro na escola, na disciplina de Português. Gostei tanto do livro que continuei a lê-lo na biblioteca. O professor com _____ eu falei sugeriu outros livros de poesia, mas este foi o meu preferido. Este livro divide-se em poemas da mentira e poemas da verdade. Achei os poemas da mentira mais engraçados _____ sentido de humor fizeram-me rir. *Tudo ao contrário* _____ é um poema da mentira, é mesmo engraçado porque está tudo trocado.

Ana Rita- 13 anos
Belas

I. Escolhe a opção correta.

1. O professor com **(quem / que)** falei vai emprestar-me outro livro.
2. A festa para **(que / qual)** fomos convidados foi cancelada.
3. O filme em **(onde / que)** eles participam começou a ser rodado no Douro.
4. Os atores de **(que / quais)** todos falam estudaram no Conservatório.
5. O filme a **(que / cujo)** assistimos acabou muito tarde.
6. O cinema, **(cujo / o qual)** nome não me lembro, é perto da Avenida da Liberdade.
7. Gosto imenso do local **(onde / que)** ele trabalha.
8. Os atores **(cujos / dos quais)** te falei estão ali.
9. O José Saramago, **(que / cujo)** nome é conhecido internacionalmente, é um dos melhores escritores portugueses.
10. José Saramago é o único escritor português **(que / quanto)** ganhou o Prémio Nobel.
11. Trouxeram tudo **(quanto / quanta)** tinham.
12. Há várias possibilidades. Vais analisar **(quantas / quantos)** souberes.

J. Completa o poema de Luísa Ducla Soares com as palavras da caixa.

> espaço • escola • abraço • tempo • jardim
> amigo • navio

LIVRO

Livro
Um _____
Para falar comigo
Um _____
Para viajar
Um _____
Para brincar
Uma _____
Para levar
Debaixo do braço.
Livro
Um _____
Para além do _____
E do _____

Qual é o teu livro preferido? Escreve um pequeno texto sobre o livro de que gostaste mais de ler. Nesse texto deves:

- Identificar o livro (título e autor)
- Referir o assunto (faz um breve resumo, mas sem contares tudo...)
- Justificar a tua preferência (explica as razões que te levam a preferir esse livro)

UNIDADE 5

No mundo da moda

A. A Moda passou por inúmeros períodos que marcaram toda uma história. As tendências, os estilo os materiais, as cores e os padrões têm mudado ao longo dos tempos. És capaz de reconhecer época em que estes estilos eram moda? Faz a correspondência entre a imagem e a época. Descre e compara os diferentes estilos.

Século xx

Século xxi

Século xix

B. Neste artigo, algumas partes do texto foram suprimidas. Coloca-as corretamente, de modo obteres um texto coerente.

> que se escolhe de manhã • na antiguidade • que a moda varia de país para país • expressa os valores • por vários estilos

A moda _____ da sociedade - usos, hábitos e costumes - num determinado momento.

Podemos, pois, dizer que a moda é composta _____ que influenciam diversos aspetos, ou seja, é um sistema que acompanha o vestuário e o tempo e que se integra no simples uso de roupa no dia a dia.

Pode-se chamar moda, por exemplo, àquilo _____ para se vestir.

Como todos já reparámos, a moda tem evoluído e tem vindo a modificar-se todos os anos. Nada do que hoje se usa, era usado _____ ou no século XVIII.

Nos 27 países que fazem parte da União Europeia, concluímos que cada um tem o seu tipo de moda e _____, dependendo de cada cultura e ritmo de mudança da mesma. No entanto, nos países da União Europeia foram-se esbatendo as diferenças ao longo da sua evolução.

www.europamoraaqui.ludicom.pt (texto adaptado)

Vamos viajar um bocadinho no tempo. Observa as imagens e responde às seguintes questões.

Século XVIII

Século XX

Século XXI

1. Qual a tua opinião sobre a moda do século XVIII? Achas que era prática e confortável?

_____

2. No século XX o estilo mudou bastante. O que achas deste tipo de roupas?

_____

3. Como vês, a moda está em constante mudança. Porquê? Indica duas razões.

_____

D. **Há um elemento estranho nesta família de palavras. Qual é?**

1. moda, modelo, modelista, mudar
2. arte, artista, autor, artefacto
3. estilo, estilista, estilismo, estilística
4. cultura, cultural, culturismo, aculturação

E. **Completa o seguinte quadro.**

nome	adjetivo	verbo
		expressar
influência		
		evoluir
diferença		
		simplificar
variação		

F. **Lê o seguinte texto. Completa os espaços com as palavras do quadro.**

> eventos • modelos • dupla • passagens • carreira • agência • marcas
> estrangeiro • produtora • manequins • talento

Pedro e Ricardo Guedes

Manequins portugueses, os gémeos Pedro e Ricardo Guedes nasceram a 1 de maio de 1979, no Porto.

A _____ dos dois irmãos começou quando tinham dezasseis anos, depois de descobertos numa paragem de autocarros, no Porto. Fátima Guimarães, _____ de um fotógrafo de moda, gostou da imagem de surfista da _____ e resolveu perguntar-lhes se estavam interessados em ser _____. Pedro e Ricardo responderem de imediato que sim e iniciaram uma carreira que, devido ao seu _____, os levou a trabalhar por diversas vezes no _____.

Com 18 anos foram pela primeira vez a Lisboa para fazer uma sessão como _____ para um catálogo da *City Jeans*. Pedro e Ricardo passaram a trabalhar para a _____ *Central Models* e conseguiram contratos para _____ de modelos e sessões fotográficas em Portugal e no estrangeiro, representando _____ como a Emporio Armani, a Versace e a Versus.

A nível nacional começaram a marcar presença constante nos grandes _____ da moda, como o Portugal Fashion ou o Moda Lisboa, e a nível internacional já desfilaram em cidades como Nova Iorque e Paris.

Os gémeos, que por norma aparecem sempre juntos, fizeram trabalhos para revistas conceituadas como a *L'Uomo Vogue, a Arena Homme, a Vogue Sposa* e a *GQ,* mas ganharam maior destaque em 2000 quando ilustraram uma campanha da famosa marca de roupa Tommy Hilfiger. A partir desta altura, alcançaram projeção internacional e ganharam notoriedade.

www.infopedia.pt/$pedro-e-ricardo-guedes (texto adaptado)

⌐. Lê novamente o texto. És capaz de explicar o significado das seguintes expressões?

Marcar presença

Reconhecer o talento

Ganhar destaque

Alcançar projeção

Entrar no mundo dos negócios

Ganhar notoriedade

Ilustrar uma campanha

⌐. Completa com os verbos no imperativo. Segue o exemplo.

1. Utilizar _____

2. Associar _____

3. Ultrapassar _____

4. Ligar _____

5. Dizer _____

6. Fazer _____

7. Produzir _____

8. Abrir _____

9. Diminuir _____

10. Desenvolver _____

> Falar (tu) - fala

⌐. Completa cada frase, fazendo as transformações necessárias. Segue o exemplo.

> Pedro, telefona para a Maria.
> Pedro e Ana, telefonem para a Maria.

1. Maria, apanha o barco no Cais do Sodré.

Meninos, _____ o barco no Cais do Sodré.

2. Pepe, vê o horário dos barcos na Internet.

Pepe e João, _____ o horário dos barcos na Internet.

3. João, consulta o mapa da cidade.

Meus senhores, _____ o mapa da cidade.

4. Ília, vai comprar o jornal.

Ília e Yuan, _____ o jornal.

J. Completa, corretamente, os espaços em branco, fazendo as transformações necessárias. Segue exemplo.

> Mergulha agora!
> Não mergulhes agora!

1. Olha para o João!

Não _____ para o João!

2. Põe creme depois do banho!

Não _____ creme depois do banho!

3. Compra um bolo!

Não _____ um bolo!

4. Bebe um pouco de água depois de correres!

Não _____ água depois de correres!

L. Constrói frases. Segue o exemplo.

> Pai da Ana: Fumo muito. / Deixar de fumar.
> Ana: Pai, deixa de fumar!

1. Luís: Vejo muita televisão. / Ler um livro.

_____

2. José: Tenho más notas. / Estudar mais.

_____

3. Ília: Vou à Batalha. / Visitar o Mosteiro da Batalha.

_____

4. Yuan: Doem-me os dentes. / Ir ao dentista.

_____

5. João: O meu computador está avariado. / Mudar de computador.

_____

1. Completa os avisos com os verbos da caixa.

espere • poupe • pise • aguarde • avisam-se • proteja • introduza • deixe
consulte • fume • retire

. Não _____, pela sua saúde.

. _____ água.

. _____ as cegonhas.

. Não _____ a relva.

. _____ a sua senha e _____ pela sua vez.

. _____ todos os alunos de que os horários do 7º e 8º anos se encontram afixados no átrio principal da escola.

. Saldos e reduções: não se _____ enganar.

. Se precisa de efetuar uma compra, _____ primeiro os conselhos grátis da DECO PROTESTE.

. _____ a moeda e _____ pelo troco.

2. Imagina que um amigo ou uma amiga tua tem problemas de saúde porque não leva uma vida saudável. Que conselhos lhe davas? Usa frases na forma afirmativa e na negativa.

UNIDADE 6

Ídolos

A. Lê o sumário da revista *Visão Júnior*.

SUMÁRIO

(Visão Júnior nº 71 - texto adaptado)

B. Associa os diferentes conteúdos da revista apresentados no quadro aos títulos e páginas indicados no sumário.

conteúdos	títulos	página
artigo sobre preferências de leitura		
artigo sobre natureza		
artigo sobre uma pessoa famosa		
anedotas		
artigo de divulgação desportiva		

C. Indica o título do artigo que preferias ler nesta revista e justifica a razão da tua preferência.

_____

D. No sumário da revista *Visão Júnior* há um artigo sobre uma pessoa famosa. Quem é essa pessoa?

_____

E. Por que razão é ele considerado um ídolo?

_____

Lê o artigo sobre este herói e escolhe a opção correta apresentada entre parênteses.

O apelido Mandela (**é / foi / fui**) conhecido em todo o mundo. Ele (**será / é / foi**) presidente da África do Sul já (**há / á / à**) alguns anos. Mandela é um exemplo de (**muitas / muita / muito**) dedicação a uma causa.

Nelson Mandela (**passou / passava / tem passado**) quase 30 anos na prisão (**para / por / de**) lutar contra o *apartheid* no seu país. Em africânder - língua sul-africana -, *apartheid* significa separação e foi o (**que / qual / cujo**) aconteceu na África do Sul entre 1948 e 1990: separação entre os brancos e os negros.

Mandela foi libertado e em 1993 ganhou o Prémio Nobel da paz. Voltou a ser premiado como "herói dos direitos das crianças da década", (**por / pela / para**) fundação sueca *Children's World Association*. Agora, aos 90 anos, prefere dedicar-se (**há / á / à**) família, bastante numerosa por sinal: tem 3 filhas, 22 netos e 8 bisnetos.

Gostavas de falar com ele? Podes enviar-lhe uma mensagem para a Fundação Nelson Mandela: *(nm@nelsonmandela.org)*

(Visão Júnior, n° 72- texto adaptado)

3. Dá um título adequado ao texto que acabaste de ler e justifica a tua escolha.

_____

_____

4. Reescreve as frases apresentadas e substitui cada uma das expressões sublinhadas por uma das seguintes palavras: o / a / os / as / lhe / lhes. Faz as alterações necessárias.

1. Eu nunca vi <u>Nelson Mandela</u> ao vivo.

_____

2. Nelson Mandela pediu <u>aos meninos</u> para estudarem.

_____

3. O público deu uma salva de palmas <u>ao ex-presidente</u>.

_____

4. A sua mulher, Graça Machel, ofereceu <u>ao seu marido</u> um ramo de flores.

_____

5. Nelson Mandela recebeu 200 prémios e dedicou <u>os prémios</u> à Humanidade.

_____

I. Muitas pessoas destacam-se pela sua dedicação e trabalho e, assim, tornam-se verdadeiros ídolo
Lê o texto seguinte. Completa-o com as palavras do quadro.

> coincidência • ouro • história • africano • concurso • coreógrafo
> humildade • encerramento • ribalta • guineense • dia • prodígio
> sonhos • categoria • coreografia • disciplina

A fama em pontas

Jovem Marcelino Sambé ganha mais um prémio

Do bairro onde vivia, em Oeiras, saltou para a _____ da dança internacional.

Marcelino Sambé nasceu no _____ Mundial da Dança. Uma _____ na vida deste rapaz de 16 anos, a maior parte deles passados... a dançar. No passado fim de semana, o jovem _____ português ganhou mais um prémio, a medalha de _____ da *International Ballet Competition*, que se realiza em Jackson, no estado norte-americano do Mississipi. Marcelino ainda é novo, não cumpriu todos os seus _____, mas já chegou mais longe, muito mais longe do que o lugar onde nasceu fazia prever.

Do bairro do Alto da Loba para o mundo, podia dizer-se, em pontas. A sua _____ é linda. Começou a dançar aos 4 anos, num grupo _____ que funcionava no bairro – o pai de Sambé é _____ – e, em 2005, concorreu pela primeira vez ao _____ Dançarte, em Faro. Ficou em primeiro lugar na _____ júnior. Já dançou numa _____ de Clara Andermatt, no palco do Teatro São Carlos, em Lisboa. Ganhou mais um primeiro prémio em Pequim, o Gran Prix de Berlim, e ficou em primeiro lugar de juniores no Concurso Internacional de Ballet de Moscovo. Para concretizar os seus sonhos – o mais alto dos quais é ser _____ em Nova Iorque – Marcelino obedece a uma _____ rigorosa de trabalho, alimentação e horário. Como ele diz, um bom bailarino faz-se "com _____ e muito trabalho". Marcelino vai estar no espetáculo de _____ do ano letivo do Conservatório de Lisboa, no Teatro Camões, no Parque das Nações.

Notícias, Sábado, 3 de junho de 2010

(texto adaptado)

J. Indica o significado das seguintes expressões. Podes consultar o dicionário.

1. Uma coincidência na vida deste rapaz. _____
2. O jovem prodígio. _____
3. Não cumpriu todos os seus sonhos. _____
4. Um bom bailarino faz-se com humildade. _____
5. O espetáculo de encerramento. _____

Reescreve a frase nos tempos verbais que se seguem.

jovem prodígio português ganha vários prémios.

Pretérito perfeito do indicativo

Pretérito imperfeito do indicativo

Pretérito perfeito composto do indicativo

Pretérito mais-que-perfeito composto do indicativo

1. Completa os espaços em branco com as palavras adequadas. Escolhe uma palavra do quadro para cada frase. Não repitas as palavras.

> mas • que • para • porque

. O Marcelino lê jornais diários, _____ gosta de estar informado sobre a atualidade.
. Ler pode ser um passatempo, _____ há quem o faça por obrigação.
. Os estilistas vão com frequência a feiras internacionais _____ conhecerem as novas tendências no estrangeiro.
. Os materiais _____ ele me mostrou são muito interessantes.

. Na passagem do discurso direto para o indireto é necessário utilizar verbos introdutores do discurso. Assinala a opção correta.

. Ana: "João, empresta-me essa revista, por favor."
A Ana **(pediu / ordenou)** ao João para lhe emprestar a revista.
2. Pedro: "Claro! Eu vou ao concerto."
O Pedro **(perguntou / confirmou)** que ia ao concerto.
3. Ília: "Mãe, posso comprar uns brincos"?
A Ília **(afirmou / perguntou)** à mãe se podia comprar uns brincos.
4. O professor: "Senta-te imediatamente. Não faças barulho."
O professor **(perguntou / disse)** para ele se sentar e não fazer barulho.
5. Yuan: "Acho que ele está doente."
A Yuan **(julga / afirma)** que ele está doente.
6. Pedro: "Que pena o Franz não estar aqui."
O Pedro **(achou / lamentou)** que o Franz não estivesse ali.

0. Passa para o discurso indireto as seguintes frases. Usa diferentes verbos introdutores.

1. Ana: "Eu gosto muito deste tipo de roupa."

2. Yuan: "Eu cortei o cabelo! Olhem. Gostam deste novo corte?"

3. Pedro: "João, vamos ao cinema? Gostava de ver o último filme do Shrek."

4. Yuan: "No ano passado fui a Macau e visitei vários monumentos. Querem ver as fotografias que e tirei?" _____

_____

5. Pepe: "Na Argentina há estilistas muito famosos, mas aqui em Portugal a maioria das pessoas não conhece."_____

6. Ília: " No Senegal usamos muitos tecidos de algodão por causa do calor. Todos os vestidos são colorid e alegres. Já viram algum?" _____

_____

P. Quase todas as estrelas têm pequenos segredos. Lê algumas curiosidades que o Pacman, vocalis dos Da Weasel, nos conta.

Os meus dados mais curiosos

1. "O meu verdadeiro nome é Carlos Nobre Neves, mas é como Pacman que me assumo. E com e tornei-me numa figura carismática do mundo da música, principalmente devido aos Da Weasel".

2. "Nem só a música preenche a minha vida. Em 2008 abri um restaurante em Almada, o Marés Viva Na ementa aposta-se na comida e petiscos portugueses, bem como na africana".

3. "Gosto muito de escrever e, em 2008, publiquei *Um Outro Amor: Diário de Uma Vida Singular,* qu reuniu as crónicas publicadas todos os domingos na revista do jornal *Correio da Manhã.*"

4. "Lancei o projeto *O Algodão Não Engana,* em que conto histórias do dia a dia, e que inclui poema de Álvaro de Campos, heterónimo de Fernando Pessoa."

Q. Agora reescreve no discurso indireto o que ele disse. Usa diferentes verbos introdutores d discurso.

*Pacman*_____

_____

Todos os jovens conhecem o programa "Ídolos". É um programa que "agarra" milhares de jovens à televisão. Filipe Pinto, o vencedor português foi entrevistado. Completa a entrevista, fazendo as perguntas adequadas.

_____ ?

Tenho 21 anos.

_____ ?

Sou natural de Matosinhos.

_____ ?

Estudo Engenharia Florestal.

_____ ?

Fui escolhido num *casting* nacional entre quase 20 mil candidatos.

_____ ?

Com esta vitória ganhei um curso de voz durante seis meses na London Music School, uma das mais prestigiadas escolas de música do mundo.

_____ ?

Sim, sim. Lá já gravaram músicos como os Queen, Madonna, Stevie Wonder ou a Björk.

_____ ?

Bom, a fama tem um lado positivo e este lado da fama tem sido muito bom e quero aproveitá-la para participar em coisas úteis.

_____ ?

Acho que o mais importante de ser um "ídolo" e ter uma grande exposição pública é poder dar a cara por boas ações.

Revista Única - Expresso de 13 de março de 2010 (texto adaptado)

6. Agora relata a entrevista, utilizando o discurso indireto.

O Filipe disse que _____ .

_____

_____

_____

_____

_____

_____

_____

_____

_____

_____

_____

_____

UNIDADE 7

Novas tecnologias - uma viagem ao futuro!

A. Observa a imagem. O que te sugere? Faz um pequeno comentário.

B. Até perto do ano 2000, quando alguém dizia Internet a resposta habitual era: "O que é isso?" porquê? Porque quase ninguém sabia o que era! E tu, sabes? Estabelece a correspondência entre A e B.

A	B
1. Motor de pesquisa	**a)** Conjunto de caracteres que digitas no teu computador para informares o teu fornecedor de serviço que és tu e não outra pessoa a querer utilizar a aplicação.
2. Navegar	**b)** Usa-se nos endereços de correio eletrónico, colocado antes do domínio.
3. Palavra-chave	**c)** Um programa que te ajuda a encontrar informações na Internet. O *Yahoo* e o *Google* são motores de pesquisa muito utilizados.
4. Arroba (@)	**d)** Diz-se das mensagens enviadas (como cartas de correio) e é também o sistema ou programa que possibilita enviá-las e recebê-las.
5. Descarregar	**e)** Significa passar, transferir um ficheiro de uma determinada página da Internet para o nosso computador.
6. Correio eletrónico	**f)** Passar de uma página para a outra seguindo as ligações.

Lê este texto sobre como começou a Internet. O texto está desordenado. Lê atentamente os seis parágrafos. Tem em conta que o *1* é o 1º parágrafo. Ordena os restantes de modo a construires um texto coerente.

1. A Internet foi criada pelo Departamento de Defesa dos Estados Unidos da América que a usava para trocar informação através de um correio eletrónico. Esta rede chamava-se ARPA *(Advance Research Projects Agency* - Agência de Pesquisa de Projetos Avançados).

2. Em 2000, a utilização da Internet cresceu consideravelmente na Europa e passou a fazer parte do dia a dia dos seus cidadãos.

3. Por volta de 1970, esta forma de trocar informação chamou a atenção de vários cientistas e investigadores.

4. Em Portugal, a primeira ligação à Internet teve arranque oficial em 1991. Fazia parte de um projeto que envolveu várias universidades.

5. No início dos anos 90, a riqueza de informações gratuitamente disponibilizadas por esta rede tinha aumentado tanto que foi necessário criar serviços de pesquisa (os primeiros motores de busca) para responder à procura dos utilizadores.

6. No mesmo ano, os computadores portugueses passaram a ter nome oficial na rede. Em 1996, deu-se o grande crescimento da utilização do serviço de Internet pelos portugueses.

www.junior.tE.pt (texto adaptado)

1º parágrafo	*1*
2º parágrafo	
3º parágrafo	
4º parágrafo	
5º parágrafo	

Conheces o cientista Howard Aiken? Se não o conheces, fica a saber que é graças a ele que tens o computador. Completa o texto com as palavras do quadro.

comum • capacidade • compara • cientista • computadores
informática • dispositivo • comprimento • matemático

- Howard Aiken não é propriamente uma das pessoas mais famosas do mundo, mas o seu trabalho sim. Foi uma das pessoas que começou a trabalhar em _____, dando origem, mais tarde, aos computadores.
- Sabias que era um _____ muito respeitado? Era capaz de fazer contas quase impossíveis de imaginar!
- Em colaboração com engenheiros da IBM, em 1939, começou a trabalhar na construção de uma calculadora automática.
- Em 1944, a equipa concluiu um dos primeiros _____: o conhecido Harvard Mark I.
- O Mark I era um computador programável, controlado por uma fita de papel perfurado e que utilizava cartões perfurados para funcionar e fazer o que lhe era pedido.
  Claro que o Harvard Mark I ainda era essencialmente um _____ mecânico, embora já com algumas características eletrónicas.

> • Media 15 m de _____ e 2,5 m de altura, e pesava mais de 30 toneladas! Uma operação de adição demorava 0,3 segundos e uma multiplicação 4 segundos. _____ isto com uma calculadora ou um computador normal que usamos hoje em dia!
>
> • Tinha _____ para manipular números com 23 casas decimais e armazenar 72 números...
> Howard tinha como assistente uma mulher de nome Grace Hopper. Naquele tempo não era nada _____ haver mulheres nesta área, mas ele respeitava-a como uma _____, tal como ele!
>
> *www.junior.tE.pt (texto adaptado)*

E. Lê as frases sobre as novas tecnologias. Transforma as duas frases numa só, utilizando a conjunção correta. Segue o exemplo. Faz as transformações necessárias.

> logo • contudo • enquanto • mas • porque • portanto

> As ondas do mar no norte de Portugal são mais fortes.
> Estas ondas produzem mais energia eléctrica.
> As ondas do mar no Norte de Portugal são mais fortes, **logo** produzem mais energia elétrica.

1. Existem milhões de páginas na Internet. Convém saber alguns truques para encontrar depressa o que se procura.

_____

_____

2. Podes pesquisar as páginas escritas em português. Podes pesquisar noutras línguas.

_____

3. Não vou participar no concurso de videojogos. Não tenho tempo.

_____

4. Este artigo sobre jogos de computador é muito interesssante. É demasiado longo.

_____

5. A Webquest facilita o trabalho cooperativo e individual na sala de aula. A Webquest permite que cada aluno trabalhe de acordo com o seu ritmo para um projeto comum.

_____

_____

6. Ele pesquisa as informações necessárias. Eu seleciono e organizo aquelas que são importantes para o trabalho.

_____

_____

. Assinala com X, na coluna B, as duas opções que podem completar, corretamente, a expressão da coluna A.

A	B
A Ana está a juntar pontos para	ser mais fácil comprar um telemóvel novo.
	comprará um telemóvel novo.
	que compra um novo modelo de telemóvel.
	comprar um telémovel mais barato.

G. Lê o texto seguinte publicado na página da Internet do Museu das Comunicações.

Oficinas do conhecimento no museu das comunicações

O Museu das Comunicações convida as escolas a participarem numa experiência pedagógica inédita, em que os alunos irão ter a oportunidade de criar e publicar, na Internet, os seus trabalhos multimédia.

Esta atividade funcionará diariamente, exceto aos sábados de manhã, aos domingos e aos feriados, e terá como objetivo promover a utilização da Internet como uma experiência de aprendizagem, de investigação e de produção de conteúdos.

Nas Oficinas do Conhecimento, os alunos serão acompanhados pelo respetivo professor e por monitores especializados, terão oportunidade de, numa sessão com a duração de uma hora e meia, desenvolver várias atividades: criarão blogues, produzirão e publicarão páginas na Internet, farão pesquisas, seleção e citação de fontes e editarão vídeos e fotografias.

A participação nas Oficinas do Conhecimento é gratuita e necessita de uma marcação prévia. Contamos com a visita da sua escola.

Inscreva-se já através do número de telefone 800 215 216 ou em www.fpc.pt.

Museu das Comunicações – Rua do Instituto Industrial, n.º 16, 1200-225 Lisboa

http://www.fpc.pt, 21 de junho de 2008 (texto adaptado)

H. Sublinha todos os verbos do texto que acabaste de ler que se encontram no Futuro Imperfeito do Indicativo.

I. Completa com os verbos no Futuro Imperfeito do Indicativo.

1. Bill Gates acha que todos os alunos _____ *(ter)* um computador pessoal nas suas carteiras.
2. Penso que os alunos _____ *(ir)* ter acesso a muito mais conhecimento.
3. Muitos países _____ *(encontrar)* diculdades em facultar aos alunos computadores por causa da sua situação económica.
4. Portugal _____ (ser) o primeiro país a utilizar eletricidade produzida a partir da energia do mar.
5. Pelamis (nome de uma serpente) é uma máquina que _____ *(transformar)* a energia das ondas em eletricidade.

6. O ondular das ondas _____ *(fazer)* trabalhar um gerador, que _____ *(converter)* o movimento das ondas em energia elétrica.

7. Os parques de ondas _____ *(dever)* ter sempre um nome de serpente.

J. Muitas pessoas gostam de fazer previsões para o futuro. O Sr. Futurão prevê o seguinte. Substitui as perifrásticas de futuro pelo Futuro Imperfeito do Indicativo.

1. Vai haver mais escolas.

2. A temperatura da terra vai mudar.

3. Os alunos não vão ter carteiras, mas sim mesas interativas.

4. Todas as pessoas vão utilizar um telefone ligado a um satélite.

5. Os livros eletrónicos vão poder falar com os alunos e explicar toda a matéria.

6. Os transportes públicos não vão poluir o ambiente porque vão trabalhar com energia solar.

7. Os *Ipod* vão desaparecer.

8. Nós vamos voar com umas asas muito potentes porque os carros vão deixar de existir.

L. Escreve um pequeno artigo para o jornal da tua escola, expondo as tuas previsões para o próximo século.

M. Criado a partir de uma torradeira e de uma ventoinha, Tobi é um *robot* feliz e muito curioso, que um dia foi adotado por uma família. Tobi quer saber tudo e está sempre a perguntar para que servem os objetos que ele vê. Responde às perguntas do Tobi.

Para que serve...

1. ...um carro? _____

2. ...um colchão? _____

3. ...um aspirador? _____

4. ...um telemóvel? _____

5. ...um tapete? _____

6. ...uma chave? _____

7. ...uma consola? _____

1. Faz a correspondência entre A e B.

A	B
1. A Ana e o Pedro não vão ao festival	**a)** por não gostar.
2. A mãe do Pedro foi ao Minho	**b)** o Pedro chegar.
3. O João e o Pepe ficam em casa até	**c)** para fazer companhia à Ana.
4. O Pepe não bebe café	**d)** por estarem no Algarve.
5. Não partimos sem	**e)** para ver o pai.
6. A Yuan foi à Baixa	**f)** os amigos chegarem.

2. Completa com os verbos.

1. Acho importante tu _____ *(contar)* a verdade à tua mãe.
2. É espetacular eles _____ *(ganhar)* o campeonato.
3. É absolutamente necessário a Yuan _____ *(ficar)* em casa para curar a constipação.
4. Depois de _____ *(ler)* o livro, conta-me a história.
5. Eles ficaram contentes apesar de não _____ *(conseguir)* um bom lugar no concerto.
6. Em vez de _____ *(fazer)* um bolo de chocolate, faz um de laranja.

3. Faz uma pesquisa sobre os objetos inventados mais estranhos e diz para que servem.

_____
_____
_____
_____
_____
_____
_____
_____
_____
_____

UNIDADE 8

Vamos manter o nosso planeta limpo!

A. Lê o texto atentamente.

Como sabes, a poluição resulta da atividade humana que suja e contamina o ambiente.

Apesar de os oceanos *serem* muito grandes, eles também ficam poluídos pela atividade do Homem.

Por exemplo, os efeitos da poluição nas espécies marinhas e também no Homem são muitos e os mais graves são as doenças. O Homem enche o mar de produtos poluentes que, pelo efeito das ondas, são arrastados para as areias dos estuários e baías. Esses são depois absorvidos por animais que *fazem* parte da cadeia alimentar, ou seja, apesar de *parecer* que não, a poluição afeta-nos a todos.

Apesar de não *bebermos* a água do mar, tomamos banho nela e alimentamo-nos de peixes que podem *estar* contaminados. Em pouco tempo, as doenças *passarão* também para nós!

Desta forma, estamos a *arruinar* um dos bens mais preciosos que existem no nosso planeta: a água.

A poluição das reservas e das fontes *será* o grande problema do futuro do nosso planeta. A acumulação de lixo junto às nascentes e a infiltração de fertilizantes no subsolo *têm contaminado* as nascentes e poluído uma riqueza que não tem preço: a água.

Muitas indústrias *lançavam* e (ainda) *lançam* nas águas os resíduos da sua produção, sem os tratar. Algumas vezes são resíduos tóxicos (e malcheirosos) que destroem a vida dos rios e que acabam por *chegar* aos mares.

www.junior.te.pt (texto adaptado)

B. Em que tempo verbal se encontram os verbos destacados, no texto?

C. Existem cerca de 6 mil formas diferentes de dizer a palavra água. Aqui estão alguns exemplos. Consegues acrescentar a palavra água noutras línguas?

> amane (berbere) / uji (albanês) / jal (bengali) / djour (arménio)
> yei (birmanês)

D. Descobre a palavra que não faz parte do campo lexical das seguintes palavras.

1. mar - maresia, maré, marinheiro, marear, marinheiro, marterizar
2. água - aguadeiro, aguar, desaguar, aguaceiro, aguardar, aguaçal
3. terra - térreo, terramoto, aterrar, terrestre, enterrar, torrada
4. folha - folhagem, desfolhar, desfolhagem, folhar, folhinha, folar

Lê o seguinte texto.

Proteção das Espécies

Os animais e as plantas estão a desaparecer a uma velocidade surpreendente. Muitos seres vivos extinguiram-se ao longo da história da Terra – frequentemente, devido a mudanças drásticas no clima –, mas hoje os homens são os maiores culpados desse fenómeno.

Milhares de animais e plantas estão em risco de extinção, porque nós destruímos florestas e secamos pântanos para obter terras de cultivo ou destinadas à construção.

Mudamos tanto o meio ambiente que os animais e as plantas não conseguem sobreviver. Chama-se a isso destruição dos *habitats* naturais. Outro ato responsável pela extinção de espécies é a caça: os homens matam animais para obterem peles, couros, chifres e carne ou, simplesmente, porque eles lhes podem ser prejudiciais. A poluição provocada pelos homens é também outro grave fator de alteração de mares, rios e florestas. A preservação é o estudo e a proteção da vida selvagem; inclui a construção de abrigos naturais e a tentativa de salvar animais e plantas da destruição provocada pelos homens.

Hoje, contudo, as pessoas estão mais informadas do que nunca dos problemas que ameaçam as espécies. Existem organizações de preservação espalhadas pelo mundo inteiro, que trabalham para proteger as espécies em perigo, criando reservas onde animais e plantas possam viver em segurança.

A Minha Primeira Enciclopédia, Volume V, Lisboa, Verbo, 1997 (texto adaptado)

Faz a correspondência entre A e B.

A	B
1. extinguiram-se	**a)** violentas
2. drásticas	**b)** terrenos com muita água
3. fenómeno	**c)** meios que têm as condições necessárias para a sobrevivência de um ser vivo
4. pântanos	**d)** pele dura de alguns animais
5. *habitats*	**e)** hastes que alguns animais têm na cabeça
6. couros	**f)** desapareceram para sempre
7. chifres	**g)** facto ou acontecimento

3. Completa as frases de acordo com o texto.

1. Muitos animais e plantas estão hoje a desaparecer rapidamente porque _____

2. O ser humano contribui para a extinção de animais e plantas _____

3. Uma das ações da preservação das espécies animais consiste em _____

H. Completa as frases com as palavras adequadas ao sentido do texto.
Escolhe uma palavra do quadro para cada espaço. Não podes repetir palavras. Há mais palavr
do que as necessárias.

> demora • rapidez • inúmeras • consequência • protetora
> egoísta • algumas • fuga • extinção • causa

A _____ de animais e plantas é um fenómeno cada vez mais preocupante, pe
_____ com que se verifica.
A ação _____ do ser humano é a principal _____ da destruiçã
dos *habitats* naturais, que condena _____ espécies ao desaparecimento.

**I. Este pequeno texto tem muitas repetições. Reescreve-o, substituindo cada uma das expressõ
sublinhadas por uma das seguintes palavras: *o / a / os / as / lhe / lhes / ele / ela*. Faz as alteraçõe
necessárias.**

O João adora biologia marinha. <u>O João</u> esteve num programa de férias no Oceanário de Lisboa
trabalhar como voluntário. Entre outras coisas, pediram <u>ao João</u> para ajudar a alimentar as lontra
A sua equipa acompanha <u>o João</u> nesta atividade. As lontras adoram brincar enquanto os visitante
observam <u>as lontras</u>. Habitualmente, os miúdos fazem festas <u>às lontras</u>.

_____
_____
_____
_____

J. Assinala as frases que estão na Voz Ativa (A) e as que estão na Voz Passiva (P).

1. Todas as pessoas devem proteger as florestas. _____
2. As árvores guardam verdadeiros tesouros. _____
3. A Floresta Tropical Amazónica produz 20% do oxigénio existente na nossa atmosfera. _____
4. Grande parte da floresta da Amazónia tem sido destruída pelo Homem. _____
5. As florestas têm controlado o efeito de estufa. _____
6. Os solos das zonas montanhosas são conservados pelas florestas. _____
7. As raízes das árvores seguram os solos. _____
8. Os solos não são arrastados pelas chuvas torrenciais. _____
9. Nós teremos de proteger o nosso planeta. _____
10. Nós desapareceremos da face da terra se não cuidarmos do planeta Terra. _____
11. A natureza tem sido muito mal tratada pelo homem. _____

**L. Reescreve as frases do exercício anterior na voz passiva ou na voz ativa. Faz as transformaçõe
necessárias.**

. Escolhe a opção correta de modo a obteres um texto coerente.

Faz a tua parte - Um dia a proteger o ambiente.

a casa de banho - Duche sim, banho de imersão não. *(Fechar / fecha / fechada)* as torneiras enquanto *(lavas / lavarei / lavava)* os dentes - *(poupas / tinha poupado / foi poupado)* entre 10 a 30 litros de água.

os transportes - O melhor é *(andar / teres andado / andado)* de transportes públicos, a pé ou de bicicleta. 33% das emissões de gases com efeito estufa *(são emitidos / foram emitidos / emitam)* pelos transportes públicos.

a escola - *(Escolhe / escolhias / és escolhido)* materiais facilmente recicláveis - menos plástico e mais papel. É importante os alunos *(reciclarem / ter reciclado / reciclem)* o que sobra. Separar uma tonelada de papel *(evita / é evitado / evitar)* o abate de 15 a 20 árvores.

a rua - *(Não deites / não vais deitar / não deitarão)* lixo para o chão. *(Deposita-o / deposito / é depositado)* sempre nos recipientes adequados.

a hora de dormir - Antes de te *(deitar / deitares / deitares-te)* não te *(esqueças / esqueças-te / esqueceres)* de desligares a televisão, e outros aparelhos, no botão e não no comando. São menos 70 toneladas de dióxido de carbono num ano.

. Redige um texto para o blogue da tua escola em que apresentes o teu ponto de vista sobre a necessidade de defender a natureza e quais as formas de o fazer.

_____

_____

_____

_____

_____

_____

_____

_____

_____

_____

_____

UNIDADE 9

Amigos para sempre!

A. Escreve palavras que relacionas com amizade. Usa uma das letras. Segue o exemplo.

```
                A
                M
                I
F  E  L  I  Z
                A
                D
                E
```

B. Lê estes comentários sobre a amizade.

> "Gosto muito de estar com os amigos e acho que vale mais a pena ter poucos amigos e bons do que muitos e maus."
>
> **Rafael - 12 anos**

> "Gosto muito dos meus amigos e às vezes tenho vontade de lhes dar abraços."
>
> **Mariana - 14 anos**

> "O que é importante numa amizade é aceitar as pessoas como são."
>
> **Catarina - 17 anos**

C. Escreve um pequeno texto sobre a amizade.

_____
_____
_____
_____
_____
_____

Lê com atenção o texto que se segue.

A Caixinha de Música

Catarina não gostava da cara que tinha. Achava-se feia, com o seu nariz arrebitado, a boca grande e os olhos muito pequeninos.

Na escola, as crianças não queriam brincar com ela. Preferiam outras companhias.

Corriam pelo pátio, muito alegres, fazendo jogos em que Catarina nunca conseguia entrar.

Quando a campainha tocava, no fim das aulas, pegava na pasta de cabedal castanho, punha-a às costas e ia sem pressa para casa, colada às paredes, com medo dos gracejos dos rapazes mais crescidos.

«Tens mesmo cara de bolacha.» – dissera-lhe, dias antes, uma rapariga da sua turma.

Ficou muito magoada com aquelas palavras que lhe acertaram em cheio, como uma pedrada, em pleno coração.

E lá andava ela com os seus olhos pequeninos e tristes a ver se descobria alguém que conseguisse gostar dela, nem que fosse só um bocadinho.

No caminho para casa encontrava todos os dias o homem do realejo. Era muito velho e estava sempre a sorrir. Quase ninguém reparava no velho que tocava cantigas muito antigas.

Quando fez anos, Catarina levou-lhe uma fatia de bolo do seu aniversário, com cerejas cristalizadas. O velho ficou muito comovido, guardou o bolo dentro de um saco branco e foi-se embora, para ela não ver a sua cara enrugada cheia de lágrimas.

Um dia, quando saiu da escola, foi procurar o seu amigo. Deixou que ele lhe agarrasse na mão e ouviu-o dizer numa voz muito sumida:

"Gostava de te deixar uma recordação minha». Meteu a mão no bolso do sobretudo e tirou uma pequena caixa de música.

«Esta caixinha é muito, muito velha. Nem se sabe ao certo a sua idade. Sempre que a abrires e tiveres um desejo ele há de realizar-se imediatamente».

Catarina ficou muito contente a olhar para a caixa e quando quis agradecer ao amigo já não o encontrou.

Catarina levou para casa a caixinha de música e escondeu-a com muito cuidado para ninguém a descobrir. O desejo não demorou a surgir: queria deixar de ser feia.

Pôs-se em frente do espelho, abriu a caixa e pensou no seu desejo com quanta força tinha. Da caixinha saía uma música muito bonita. Catarina olhou para o espelho cheia de receio de o sonho não se tornar realidade. Mas não. Ninguém iria acreditar quando a visse com a sua nova cara, o ar alegre, feliz e bem disposto.

A sua vida modificou-se completamente. Passou a ter amigos. Já ninguém falava da sua cara, da sua maneira esquisita de ser. Um dia perdeu a caixinha de música.

Sentiu de novo uma grande tristeza e apeteceu-lhe fugir para muito longe ou nunca mais sair de casa.

Ao fim de algum tempo, acabou por se decidir: começou a sair à rua e a ir à escola.

E, com grande surpresa sua, os companheiros de escola e os amigos falavam-lhe como antes, cheios de simpatia. A tristeza desapareceu e Catarina percebeu que o importante não é a cara que as pessoas têm mas a forma como são na vida, no mundo e como sabem ser solidárias com os outros.

José Jorge Letria, Histórias quase Fantásticas,
Cacém, Edições Ró, 1981 (texto adaptado)

UNIDADE 9

E. Ordena as seguintes frases de 1 a 10, de acordo com a sequência da história. A primeira frase c sequência já está assinalada.

- Um dia, um velho deu uma caixa de música à Catarina. _____
- No caminho para casa, ia com medo dos comentários dos rapazes mais velhos. _____
- A partir desse momento, na escola, todos começaram a brincar com ela. _____
- Na escola, ninguém queria brincar com a Catarina. *1*
- Catarina pediu um desejo à caixa de música. _____
- Ela levou uma fatia do seu bolo de aniversário ao velho. _____
- Conheceu um velhote que tocava músicas antigas num realejo. _____
- Catarina descobriu que não era preciso ser bonita para gostarem dela. _____
- O velho comoveu-se com a oferta da Catarina. _____
- Catarina perdeu a caixa de música. _____

F. Responde às seguintes questões.

1. Como te sentirias na situação da Catarina?
2. O que farias com a caixinha de música?
3. Que desejo pedirias à caixinha da música?

G. Que conclusão podes retirar desta história? Completa a frase.

A Catarina acabou por se aperceber de que os seus novos amigos continuaram a tratá-la do mesm modo, porque o importante é ser _____ .

H. Completa com os verbos no Condicional.

1. A Catarina _____ *(gostar)* de ter outra cara.
2. O senhor _____ *(ficar)* muito triste ao ouvir uma resposta negativa.
3. As meninas não _____ *(falar)* com ela tão cedo.
4. Eu não _____ *(saber)* o que fazer.
5. Nós _____ *(adora)* ajudar-te.
6. Os senhores _____ *(poder)* dizer-me onde está a Catarina?
7. Eu _____ *(ir)* à praia, mas não tenho tempo.

I. Substitui os verbos no Condicional pelo Imperfeito.

1. Nós iríamos à festa, mas não estamos cá. Vamos para casa dos meus avós. _____
2. Poderia dar-me um café e um pastel de nata, por favor? _____
3. Eles adorariam ir ao concerto dos Deolinda, mas os bilhetes estão esgotados. _____
4. Não seria melhor contar-lhe a verdade? _____
5. O que faria sem a tua ajuda? _____
6. Os teus pais deveriam ir ao Consulado tratar destes documentos. _____
7. A minha mãe ficaria feliz por te ver. _____

J. Por que razão admiras o teu melhor amigo? Escreve um pequeno texto no teu caderno sobre este tema.